D1387427

QUE SAVOIR SUR
MON ADO ?

Céline Boisvert

QUE SAVOIR SUR
MON ADO ?

Éditions du
CHU Sainte-Justine

Catalogage avant publication de Bibliothèque et Archives nationales du Québec et Bibliothèque et Archives Canada

Boisvert, Céline, 1958-

    Que savoir sur mon ado?

    (Questions/réponses pour les parents)

    ISBN 978-2-89619-131-4

    1. Adolescents - Psychologie - Miscellanées. 2. Adolescence - Miscellanées. 3. Parents et adolescents - Miscellanées. I. Titre.

BF724.B64 2008   155.5   C2008-941232-X

Conception de la couverture : Quatuor
Conception graphique : Nicole Tétreault
Photo de la page couverture : Nancy Lessard
Photos intérieures : Nancy Lessard
            Claude Dolbec (pages 8, 26 et 35)

Diffusion-Distribution :
       au Québec – Prologue inc.
       en France – CEDIF (diffusion) – Daudin (distribution)
       en Belgique et au Luxembourg – SDL Caravelle
       en Suisse – Servidis S.A.

Éditions du CHU Sainte-Justine
3175, chemin de la Côte-Sainte-Catherine
Montréal (Québec) H3T 1C5
Téléphone : (514) 345-4671 • Télécopieur : (514) 345-4631
www.chu-sainte-justine.org/editions

© Éditions du CHU Sainte-Justine, 2008
  Tous droits réservés
  ISBN : 978-2-89619-131-4

Dépôt légal : Bibliothèque et Archives nationales du Québec, 2008
            Bibliothèque et Archives Canada, 2008

La Fondation de l'Hôpital Sainte-Justine remercie les généreux donateurs qui ont contribué au projet *UniverSanté des familles* et qui ont permis de réaliser cette nouvelle collection pour les familles.

Merci d'agir pour l'amour des enfants !

Sommaire

Les relations changent

Des façons particulières de s'exprimer

La santé mentale

▶ Qu'entend-on au juste par « crise d'adolescence » ?

L'expression *crise d'adolescence* comporte plusieurs significations : cela peut désigner une perturbation passagère du comportement, un malaise intérieur, un conflit avec les parents, etc. Le mot *crise* renvoie à l'idée d'un changement brusque et involontaire entraînant des modifications marquées des comportements, des pensées, des relations et des émotions de l'adolescent.

Vous avez sans doute remarqué que, par moments, votre ado se sent mal dans sa peau sans pouvoir vous expliquer ce qui lui arrive. Il éprouve un malaise qu'il n'arrive pas vraiment à nommer et son humeur fluctuante en est un indice quasi infaillible ! Pourquoi en est-il ainsi ? Parce que votre jeune ressent plus ou moins consciemment une pression intérieure qui le pousse vers des tâches nouvelles, encore inconnues de lui, qu'il redoute parce qu'il ne les exerce pas et que, par conséquent, il ne maîtrise pas encore. Cela le rend nerveux. Ces tâches nouvelles sont diverses et peuvent être reliées, par exemple, aux premières expériences sexuelles, à la pression du groupe d'amis pour qu'il ait enfin sa première relation « amoureuse ». Ou encore votre adolescent peut se croire tenu de faire rapidement des choix de vie, d'émettre des opinions politiques, musicales ou autres. Cela le stresse, souvent parce que ses opinions le placent pour la première fois en conflit avec vos valeurs à vous, ses parents.

Toutefois, rassurez-vous : plusieurs recherches ont démontré que la majorité des adolescents n'ont que rarement des conflits intenses et de longue durée avec leurs parents. Tous les ados ne vivent pas ce moment comme difficile et déstabilisant. Chez certains, on ne remarque que de légères nuances dans leur humeur et leurs propos. Mais même légères, elles témoignent des transformations qui s'opèrent en eux.

Alors, ne vous souciez pas outre mesure de la fameuse *crise d'adolescence* : c'est une étape normale et nécessaire dans la vie de votre enfant. Elle ne compliquera que temporairement votre vie et la sienne.

Les enjeux reliés à la sexualité

▸ Ne croyez-vous pas que les jeunes font l'amour beaucoup trop tôt ? Comment convaincre notre ado d'attendre d'être plus mature ?

Vous avez probablement raison de penser que les adolescents d'aujourd'hui se lancent trop tôt dans cette aventure pour pouvoir l'apprécier à sa pleine mesure. Cependant, lorsqu'un adolescent prend la décision de faire l'amour, ses parents réussissent rarement à l'en dissuader, et ce, à supposer qu'ils aient été préalablement informés de son intention !

Évidemment, rien ne vous empêche de donner votre avis, mais sa décision de faire l'amour ou non à tel moment de sa vie semble surtout déterminée par l'éducation sexuelle qu'il a reçue et le contexte affectif dans lequel s'est faite cette éducation. Plutôt que de multiplier les interdits, il vaut mieux revenir avec l'ado sur l'importance du respect mutuel entre partenaires et reprendre vos mises en garde en matière de contraception et de protection contre les maladies transmissibles sexuellement (MTS).

D'ailleurs, des études récentes démontrent que la grande majorité des jeunes, bien que prétendument très informés en matière de sexualité, entretiennent plusieurs croyances erronées. Par exemple, ils croient qu'il est impossible qu'une fille devienne enceinte lors de sa première relation sexuelle. Or, la majorité des grossesses d'adolescentes surviennent à la suite de cette première relation. Encore aujourd'hui, tout autant de jeunes croient que le sida est une maladie qui se guérit. C'est le devoir des parents de jeter de l'ombre sur ce fantasme de relations sexuelles idylliques et de rappeler la menace de mort malheureusement bien réelle qui est encore associée au sida.

Par ailleurs, il faut savoir que les ados laissent fréquemment passer un bon moment entre la première relation sexuelle et la suivante, particulièrement les filles. C'est comme si ces jeunes se sentent soulagés de pouvoir désormais se comparer aux autres, après avoir connu leur première relation sexuelle. Ils sont satisfaits d'avoir franchi cette étape qui signifie, pour certains, qu'ils font désormais partie du club des grands ! Il n'y a donc plus d'urgence à répéter l'expérience. Soulignons également que de nombreuses jeunes filles consentent encore aujourd'hui aux relations sexuelles *d'abord* pour ne pas perdre leur amoureux.

Il se peut aussi que votre adolescent ait éprouvé quelque chose de magnifique lors de sa première relation sexuelle, même si elle a été vécue trop précocement à votre goût. Alors, à quoi bon y mettre à tout prix votre sceau de désapprobation et de culpabilité ? Encouragez-le plutôt à être prudent et vigilant en matière de protection sexuelle et réitérez la nécessité absolue que des échanges sexuels doivent toujours se faire dans le respect de l'autre.

Saviez-vous que...

L'adolescence est en quelque sorte une « invention » du XXe siècle ? Au XVIIIe siècle, le mot *adolescence* n'existait même pas ! Ce n'est qu'à la fin du XIXe siècle que la jeunesse devint un thème à la mode, c'est-à-dire qu'on s'intéressa à ce que vivaient et éprouvaient ceux et celles qui n'étaient plus des enfants tout en n'étant pas encore des adultes. C'est seulement après la Première Guerre mondiale que le mot *adolescence* est utilisé pour désigner ceux et celles qui sont âgés de 12 à 20 ans.

▶ **Doit-on tenir pour acquis que, parce qu'il suit des cours de sexualité à l'école, notre ado sait quoi faire pour se protéger adéquatement lors de relations sexuelles?**

Les moyens de contraception et de protection sexuelle sont généralement connus des adolescents. Cependant, ils les utilisent encore bien peu. Cela s'explique notamment:

- par leur immaturité;
- par le phénomène de *pensée magique* qui fait qu'ils se considèrent à l'abri des risques pour une multitude de raisons;
- par le fait qu'ils tiennent pour acquis les explications de leur partenaire du moment qui les encourage à ne pas se protéger;
- par le fait qu'ils n'osent pas refuser une offre d'échange sexuel sans protection par peur d'offenser l'autre;
- par leur désir de ne pas passer pour quelqu'un qui a peur.

En fait, le goût du risque et surtout l'impulsivité adolescente sont souvent à l'origine d'un comportement irresponsable en matière de protection sexuelle, malgré l'information pertinente donnée à l'école.

Certains jeunes croient encore que la qualité de leur hygiène générale les protège de tout. D'autres ont toutes sortes de fausses convictions, comme celle de penser que seuls les homosexuels, les transfusés et les toxicomanes risquent de contracter le sida. La presque totalité d'entre eux ne pense tout simplement pas que le sida est une maladie mortelle à plus ou moins longue échéance. Selon eux, la trithérapie dont ils ont vaguement entendu parler guérit cette horrible maladie. Et ils oublient que certaines maladies transmissibles sexuellement (MTS) sont difficiles à soigner, que certaines reviennent à répétition et que d'autres, comme la chlamydia, peuvent les rendre infertiles.

▶ Comment les adultes peuvent-ils aider les ados en matière de sexualité?

Le défi des adultes qui conseillent les ados consiste à réussir à bien les informer sans pour autant les effrayer : ces derniers ne doivent pas en venir à associer sexualité avec désagrément, irresponsabilité, maladie et mort. Ces pensées et ces anticipations vont à l'encontre du mouvement tout naturel qui pousse deux êtres qui s'aiment à s'unir sexuellement, selon l'impulsion du moment. C'est là une réalité avec laquelle nous, adultes, n'avons pas eu à composer, mais dont les adolescents d'aujourd'hui doivent absolument tenir compte. Et ils s'en seraient certainement passé. La sexualité devrait plutôt rimer avec plaisir, épanouissement, santé et vie.

Saviez-vous que...

L'âge moyen des premières relations sexuelles au Québec est de 15 ans.

De plus, les ados ont besoin que vos explications soient accompagnées de commentaires positifs et d'exemples concrets. On peut penser à une brochure explicative, illustrant un condom, un diaphragme, un boîtier de pilules contraceptives, un test de grossesse, ainsi que les modes d'emploi.

▶ Que peuvent faire des parents pour éviter que leur adolescente tombe enceinte ?

En matière de prévention de grossesse, les parents peuvent faire deux choses.

La première consiste à informer adéquatement l'adolescente des situations à risque. Certaines situations sociales peuvent mener, mine de rien, à un rapprochement sexuel ni prévu ni nécessairement souhaité. Par exemple, une soirée entre amis où l'adolescente est tentée de prendre de l'alcool ou de fumer quelque herbe illicite, par goût, par curiosité ou tout simplement pour faire comme les autres. Ce faisant, elle devient plus détendue, légèrement désinhibée et donc plus vulnérable aux avances soutenues des garçons. Il peut s'agir aussi de multiples invitations à aller dormir chez une copine : des garçons peuvent y être conviés sans qu'elle le sache. Considérant le rapprochement physique que ces nuits à l'extérieur du foyer familial favorisent inévitablement — ils dorment souvent les uns à côté des autres dans une même pièce — votre fille peut se retrouver allongée près d'un garçon, qui serait plus sollicité qu'il le voudrait par la forte pression de sa

libido. Vous avez probablement vécu ce genre d'expérience durant votre adolescence : nous n'y sommes pas vraiment préparés et les choses tournent ainsi parce qu'à cet âge on a besoin de faire comme les autres.

La surveillance parentale doit donc s'exercer dans ces occasions, sans être trop intrusive pour autant : tout un défi lancé au bon jugement des parents ! Il va sans dire qu'il faut faire confiance aux adolescents et que ceux-ci ont d'ailleurs besoin de savoir que, spontanément et jusqu'à preuve du contraire, leurs parents ont confiance en eux. Cependant, la confiance n'exclut pas un certain contrôle. Plusieurs parents ont tendance à oublier que leur ado a tout autant besoin de sentir la présence d'un cadre parental qui, par définition, fixe des limites. Vos ados ne vous le diront pas, mais cela les rassure beaucoup lorsque vous mettez des limites qui sont claires sans être excessives. Ils vont protester, mais pour plusieurs, ces limites imposées font secrètement leur affaire. Les filles surtout qui n'ont pas à se trouver d'excuses personnelles pour justifier leur refus d'avoir des relations sexuelles : elles ne le peuvent pas *parce que* c'est ce qu'exigent ses parents. Ce n'est donc pas elles qui disent non, mais les parents. L'adolescente, au lieu de risquer de faire rire d'elle par ses amis, sera plainte d'avoir des parents si autoritaires et si « arriérés ». Peu vous importe cependant, puisque votre but n'est pas d'être à l'abri des commentaires désobligeants de ses amis, mais bien de la protéger sur le plan sexuel.

Plusieurs parents, hélas, sous prétexte de se montrer ouverts et permissifs, laissent tomber trop tôt leur vigilance. Ce passeport pour la liberté, qui autorise à faire la fête sans contraintes, a parfois des conséquences beaucoup moins réjouissantes.

La deuxième façon d'aider à prévenir la grossesse chez votre adolescente consiste à vous assurer qu'elle utilise une méthode contraceptive si elle est active sexuellement. Ce sera à elle de choisir avec son médecin celle qui lui convient le mieux. Bien sûr, vous pouvez lui offrir d'en discuter si elle le souhaite. Vous pouvez aussi lui offrir de l'accompagner chez son médecin. Si elle accepte, demandez-lui si elle préfère que vous l'attendiez dans la salle d'attente ou que vous l'accompagniez dans le cabinet du médecin. Elle appréciera cette délicatesse et elle se sentira comme une grande qui peut déjà assumer déjà certains aspects de sa vie… souvent avec votre soutien.

Saviez-vous que...

Au Québec, environ une adolescente sur douze tombe enceinte avant 18 ans ? Chaque année, on compte environ 4000 grossesses d'adolescentes. C'est dans la grande région de Montréal qu'on enregistre le plus haut taux de grossesse chez les jeunes filles du Québec.

▶ Que faire si votre adolescente tombe enceinte ?

Il faut d'abord savoir que la plupart des adolescentes enceintes tiennent à prendre elles-mêmes leur décision quant à l'issue de leur grossesse. Et elles ont raison. Cela ne veut pas dire qu'elles n'ont pas besoin de conseils pour autant. La jeune fille enceinte attend le plus souvent de ses parents une présence qui la soutienne et une disponibilité d'écoute pour la guider dans son choix. Elle ne désire pas que ses parents prennent la décision à sa place – parce qu'ils croient savoir ce qui sera le mieux pour elle. D'ailleurs, au Québec actuellement, d'un point de vue strictement légal, une adolescente a dès l'âge de 14 ans le droit de décider seule de l'avenir de l'enfant qu'elle porte.

Si une adolescente choisit de garder son enfant, elle peut être accueillie avec le bébé dans un centre pour mères célibataires. Dans ces centres, la jeune fille peut généralement continuer ses études pendant que le bébé est confié sur place à un service de garde. Plusieurs adolescentes choisissent toutefois de demeurer chez leurs parents. Elles bénéficient ainsi du soutien financier et pratique qu'une famille peut offrir, mais elles doivent être conscientes qu'en gardant l'enfant, elles choisissent aussi de modifier irrémédiablement le cours de leur vie. Elles feront face à des responsabilités très lourdes pour lesquelles elles auront sans doute besoin du soutien de leurs propres parents.

▶ Et si l'adolescente choisit l'avortement ?

Au Canada et en France, l'avortement à des fins thérapeutiques est permis depuis plus de 30 ans. De très nombreux centres hospitaliers ou des cliniques privées offrent ce service. Des ressources sont également disponibles – même pour les mineures – afin de mettre fin à des grossesses de moins de dix semaines quand elles sont non désirées. Les adolescentes enceintes reçoivent généralement beaucoup d'information et de soutien psychologique de la part du personnel de ces cliniques.

Il ne faut pas négliger les effets physiologiques qui suivent l'avortement (douleurs abdominales, bouleversement hormonal, etc.) et, surtout, ses effets psychologiques. Même si la jeune fille est soulagée après l'avortement et satisfaite de sa décision, les changements hormonaux induits par l'interruption de grossesse influent temporairement sur son humeur ; de plus, elle doit faire le deuil de cet enfant qui aurait pu naître. Elle peut aussi ressentir une certaine culpabilité après l'intervention.

Soulignons que les avortements pratiqués au cours du deuxième trimestre de grossesse sont plus compliqués à obtenir parce qu'ils sont plus risqués pour la santé de la mère et parce qu'ils nécessitent l'utilisation d'un appareillage médical plus complexe. Enfin, rappelons que les parents de l'adolescente ne savent pas toujours que leur fille a subi un avortement, puisqu'elle a légalement le droit à la confidentialité de l'intervention dès l'âge de 14 ans.

▶ Pourquoi des parents qui se croient très ouverts parce qu'ils fréquentent plusieurs homosexuels réagissent-ils douloureusement lorsqu'ils découvrent que leur enfant est homosexuel ?

Malgré l'évolution de notre société et l'acceptation grandissante de l'homosexualité, il n'est pas rare que des parents appréhendent qu'un de leurs enfants se révèle homosexuel. Devant la découverte de l'homosexualité de son enfant, tout parent — si compréhensif soit-il de l'homosexualité en général — vit une certaine forme de deuil quant à ses aspirations parentales. Immanquablement, plusieurs inquiétudes et interrogations surgissent.

Après s'être posé des questions sur soi-même en tant que père ou mère et en tant qu'homme ou femme, vient une série d'interrogations quant aux activités sportives ou artistiques qu'on aurait pu faire pratiquer à l'enfant pour qu'il soit plus viril ou pour qu'elle développe davantage sa féminité. Par ailleurs, certaines images de la pratique d'une sexualité homosexuelle, à laquelle vous n'étiez pas contraints de penser auparavant et que vous avez peut-être toujours considérées comme immorales ou déviantes, risquent de s'imposer à vous et de vous embarrasser, voire de vous déplaire, durant un moment à tout le moins. Il est possible que vous cherchiez alors des arguments ou des moyens pour faire changer d'idée à votre enfant. Vous tenterez peut-être de lui faire comprendre qu'il fait fausse route, prétextant par exemple que ses frères et sœurs de même sang et de même éducation n'étant pas homosexuels, il n'y a aucune raison pour que lui le soit ? De plus, vous aurez à envisager le fait qu'il n'aura pas d'enfant — sauf par procréation assistée, si son éventuelle demande est acceptée — vous privant de petits-enfants issus de sa chair et par conséquent de la vôtre.

Vous êtes fondés, en partie, à ressentir des inquiétudes sur la société dans laquelle évoluera votre fils homosexuel ou votre fille lesbienne. Ces inquiétudes sont basées sur *votre expérience* de tolérance de l'homosexualité, mais *non sur la sienne* et celle de sa génération. Vous avez sans doute raison de penser que votre enfant homosexuel, évolution ou non de la société, s'expose à des moments de souffrance incontournable davantage qu'un jeune hétérosexuel. Toutefois, l'homosexualité n'est pas une option de vie qu'un individu choisit : c'est une manière d'être en relation amoureuse et sexuelle qui s'impose à l'adolescent. Ce dernier ne décide pas de cette condition. Elle fait partie de lui, s'immisce dans ses sens, s'impose dans ses fantasmes.

Saviez-vous que...

Il n'y a ni médicament ni thérapie qui *guérissent* de l'homosexualité. Lorsqu'une aide psychologique est sollicitée, elle ne vise pas à traiter l'homosexualité en soi, étant donné que ce n'est pas une maladie, mais plutôt les difficultés liées au fait de vivre avec cette orientation sexuelle.

Il est bien difficile de faire le décompte de la souffrance, de déterminer objectivement ce qui est le plus pénible à vivre pour une personne ou pour une autre. Vivre en cachant son homosexualité ou vivre en la révélant ? Certains hétérosexuels sont plus malheureux que bien des homosexuels. Ces derniers n'ont pas le monopole des difficultés et des blessures qu'apporte la vie. Votre enfant vivra d'autant mieux sa condition d'homosexuel que son entourage immédiat ne le rejettera pas. Cela ne veut pas dire que vous êtes en accord avec son orientation sexuelle, mais plutôt que vous l'aimez suffisamment pour continuer de l'accueillir, malgré un mode de vie différent de ce que vous aviez imaginé pour lui et… pour vous. Vous aurez probablement besoin de temps pour y arriver, chaque parent évoluant à son propre rythme sur le chemin de l'acceptation de l'homosexualité de l'un de ses enfants.

À propos de l'école et de l'ordinateur

▶ **Notre ado vient de commencer son secondaire et il semble perdre sa motivation à l'école. Que devons-nous en penser et que peut-on faire pour l'aider ?**

L'arrivée au secondaire comporte des exigences et des stress nouveaux qui peuvent expliquer une baisse de rendement et de motivation chez votre enfant durant les premiers mois : des professeurs différents pour chaque matière, des changements de locaux plus fréquents pour les cours, le passage du « statut » de *grand* du primaire à celui de *petit* du secondaire et, par conséquent, la crainte d'être intimidé par des adolescents plus âgés. Plusieurs craignent le secondaire parce qu'ils imaginent qu'il s'y passe des choses mystérieuses et impressionnantes en matière de comportement social et sexuel, de consommation de drogue, de tenue vestimentaire, etc. Après les premiers mois, ces peurs devraient être moindres et le rendement scolaire de votre jeune adolescent s'être stabilisé, en fonction de ses capacités.

Toutefois, si votre enfant ne parvient pas à réduire le stress lié à son arrivée au secondaire, s'il demeure anxieux, il devient important de chercher à en déterminer les causes avec lui. Vous pourrez avoir recours aux intervenants spécialisés de l'école : psychologue scolaire, orthopédagogue, psychoéducateur, responsable de niveau, etc. Votre enfant peut souffrir d'un manque de débrouillardise, avoir de la difficulté à socialiser et à s'adapter à ce cadre scolaire nouveau. Il est important de réagir sans trop tarder, bien qu'il soit toujours préférable de laisser *d'abord* votre adolescent trouver ses propres solutions aux problèmes que vous avez identifiés ensemble. Sachez cependant que la politique de l'autruche améliore rarement les situations scolaires problématiques !

Des spécialistes en motivation recommandent généralement aux parents quelques grands principes : fixer avec l'adolescent des objectifs raisonnables à atteindre, aborder le travail accompli sous l'angle le plus positif possible et formuler des commentaires constructifs, reconnaître la difficulté de la situation, lui accorder le droit à l'erreur et à l'échec. Toutefois, il faut aussi responsabiliser l'adolescent en ce qui concerne l'école : *il* ou *elle* doit développer le désir de réussir, ce qui ne veut pas dire réussir en tout et à la perfection. Les jeunes doivent faire confiance à l'école en tant que lieu de savoir et de compétences multiples, même s'ils l'accusent des pires maux. Comme parents, vous devez aussi chercher à donner une bonne image de l'école et à communiquer votre confiance dans le personnel enseignant. Il est vrai que les professeurs n'ont pas tous la vocation, qu'ils ne sont pas tous animés de la même flamme psychopédagogique ! Toutefois, le fait de les blâmer pour les échecs de votre enfant les disqualifie aux yeux de celui-ci et l'encourage à se déresponsabiliser par rapport à son cheminement scolaire.

Saviez-vous que...

Des psychanalystes vont jusqu'à prétendre qu'il faut vous inquiéter si votre enfant ne vit pas de *crise d'adolescence*, de tension, d'instabilité psychologique. On sait bien, en effet, qu'il vaut mieux traverser sa *crise d'adolescence* à 15 ans plutôt qu'à 35 ou 50 ans...

▶ Que peut-on faire pour éviter le décrochage scolaire de notre ado ?

Qui est le décrocheur type ? Il s'agit le plus souvent d'un garçon, issu d'un milieu familial désavantagé sur le plan socio-économique, milieu en général peu encadrant et peu stimulant. Ce jeune a rarement connu une expérience scolaire favorable et il présente souvent des problèmes de comportement à l'école. Si les experts consacrent tant d'énergie à dresser le portrait du décrocheur, c'est parce que le principal moyen d'intervention devant l'abandon scolaire est de dépister les décrocheurs potentiels et de déceler chez eux des signes annonciateurs.

Les signes d'un futur décrochage scolaire sont les suivants : manque d'attention en classe et à la maison pour l'étude et les devoirs, oubli fréquent des travaux à faire, absentéisme occasionnel ou plus soutenu en raison de plaintes somatiques (maux de cœur, maux de ventre, etc.), désintérêt progressif qui affecte les notes et l'attitude en classe, perte de confiance dans l'idée de réussir et dans le fait que l'école sert vraiment à quelque chose.

Saviez-vous que...

Bien que les statistiques varient d'une étude à l'autre, on estime généralement qu'au Québec, plus d'un adolescent sur cinq abandonne l'école durant ses études secondaires ?

Vous pouvez aider votre enfant en répertoriant avec lui ces signes précurseurs. Vous pouvez aussi l'inviter à réagir par de multiples moyens concrets : en l'aidant à mieux organiser son travail, en identifiant avec lui ses plus grandes sources de stress, en lui prodiguant de bons encouragements et en fixant des objectifs *réalistes*. Vous devez aussi demander l'aide des professionnels de son école. Ceux-ci vous ont peut-être déjà manifesté leur inquiétude quant à l'évolution de votre ado en classe.

Bref, si vous considérez que votre enfant présente les caractéristiques d'un éventuel décrocheur, *réagissez !* Déclenchez un véritable branle-bas de combat pour le secouer, le conscientiser et l'outiller. Pour espérer aider votre enfant, il y a plus à faire avant qu'après le décrochage. *Raccrocher* demeure possible, mais c'est un défi de taille qui dépend de la volonté et du tempérament de votre jeune. Quand il aura décroché, votre collaboration sera certes encore souhaitable, mais votre influence risque d'être limitée auprès de ce jeune adulte de 17, 18 ou 19 ans qui prétendra être en mesure de faire ses propres choix de vie.

▶ Est-ce normal que notre ado passe beaucoup de temps devant l'ordinateur ? Qu'est-ce qu'il y trouve de si intéressant ?

Nombre de parents s'étonnent et s'inquiètent du nombre d'heures que leurs enfants passent devant l'ordinateur. S'ils trouvent important que leurs jeunes se familiarisent avec cet outil devenu indispensable, en revanche ils s'interrogent à bon droit lorsqu'ils les voient y consacrer tout leur temps libre. Comment trouver le juste équilibre lorsqu'il s'agit de *clavardage* ou de jeux remplis d'action ou de toute autre utilisation de l'ordinateur ?

Le clavardage

Le clavardage n'est pas une activité néfaste ou à décourager. Cette activité favorise tout de même des échanges entre amis et partenaires du réseau. Toutefois, deux mises en garde s'imposent. La **première** concerne les rencontres fortuites que votre enfant peut y faire. Plusieurs adolescentes romantiques et rêveuses se font prendre au jeu et sont séduites par un inconnu, malgré leur intelligence et le fait qu'elles soient très bien renseignées sur la question.

Elles peuvent aussi vivre de grandes déceptions lorsqu'elles rencontrent le correspondant en chair et en os ! Encore qu'être déçue soit la moindre des conséquences. Tomber sur une personne aux intentions douteuses risque d'être une expérience traumatisante et dangereuse. Il vous faut donc répéter souvent vos mises en garde tout en reconnaissant à votre jeune le droit à une certaine vie privée. En dépit des risques connus, si votre fille n'écoute pas votre recommandation et tient à rencontrer le garçon avec lequel elle *clavarde*, faites-lui promettre de le faire dans un lieu public, accompagnée discrètement et à distance par une amie, un grand frère, etc.

oublis et dépassements de temps. Expliquez fréquemment vos motifs et tentez d'orienter votre ado vers d'autres loisirs et activités, tout en le complimentant au passage sur ses aptitudes, sur les défis qu'il s'impose, sur les efforts fournis et sur ses succès ainsi que sur sa bonne attitude devant les difficultés rencontrées. Cependant, rien ne garantit que vous y arriverez : nous n'avons pas grandi en compagnie de ce monde virtuel et nous en sous-estimons certainement l'attrait et aussi, probablement, certaines de ses contributions positives.

Les relations changent

▶ **Que devons-nous faire si nous n'aimons pas le groupe d'amis que fréquente notre ado ?**

L'appartenance à un groupe d'amis, à un *gang*, est en quelque sorte un passage obligé pour la plupart des adolescents, comme une formule de remplacement temporaire au soutien qu'apporte une famille. Ce soutien bien particulier que procure le groupe d'amis est pratiquement indispensable aux adolescents. Il les aide à se détacher petit à petit de leur dépendance à la famille afin qu'ils prennent leur propre élan dans la vie et qu'ils grandissent en autonomie.

Si ce groupe d'amis vous déplaît, vous devez le dire à votre enfant. Cependant, tout est dans *la manière* de le dire ! Si vous n'aimez pas la mentalité de ce groupe et souhaitez que votre enfant s'en éloigne, il est plus sage d'être prudent dans la façon de présenter vos arguments, car il se pourrait que votre attitude soit interprétée, au contraire, comme une raison de plus de le fréquenter ! Donc, dites clairement à votre enfant que vous n'êtes pas à l'aise avec cette fréquentation en lui expliquant pourquoi. Tentez d'éviter les débordements émotifs, comme les pleurs et les fortes colères, mais demeurez tout de même fermes et résolus. Il va de soi que vous ne pouvez pas choisir les amis de votre enfant à sa place. Ce serait trop simple ! Si vous vous immiscez indûment dans sa vie privée, il vous en tiendra rigueur et cherchera à vous cacher ses fréquentations pour protéger son intimité. Résultat : vous ne serez pas plus avancés, ne sachant même pas qui il fréquente. Alors, lorsque votre enfant amène à la maison un nouvel ami dont le style et les manières vous déplaisent, faites l'effort de passer outre à cette première impression et donnez la chance au coureur. Rappelez-vous que les apparences sont parfois trompeuses ! Votre enfant sera reconnaissant pour cette tolérance. Si votre malaise persiste malgré une réelle ouverture de votre part, votre ado sera peut-être plus enclin à considérer votre opinion, d'autant que vous aurez fait preuve de prudence et de tolérance au départ.

▸ Est-ce que notre ado va automatiquement rejeter les valeurs qu'on lui a inculquées au profit de celles de son groupe d'amis ?

Rassurez-vous, les adolescents n'adoptent pas nécessairement toutes les valeurs de leur groupe d'amis. Certains se joignent à des groupes très différents d'eux-mêmes, qui sont plus rebelles, plus éclatés ou plus revendicateurs. Ils y trouvent en quelque sorte une soupape pour leurs tracas d'ado, pour le stress qu'ils ressentent parfois à l'idée de grandir et de devoir assumer leurs propres choix. Mais au fond d'eux-mêmes, ils savent très bien qu'ils n'iront pas aussi loin que ce que prône le groupe. Toutefois, si vous avez la certitude ou de bonnes raisons de penser que les jeunes de ce groupe prennent des drogues, il faut redoubler de vigilance et intervenir de manière plus ferme avec votre ado. Des études ont démontré que le risque de consommation est beaucoup plus grand si l'adolescent fréquente un groupe où il y a usage de drogue. Renforcez vos inquiétudes sur la consommation de drogues à l'aide d'articles, de livres ou de sites Internet. Cette tactique a l'avantage d'être perçue comme ne relevant pas directement de vos vieilles idées de parent borné. Ces documents seront peut-être plus susceptibles d'être consultés.

Sachez, d'autre part, que ce ne sont pas tous les adolescents qui éprouvent le besoin de partager leurs moments libres avec un groupe d'amis. Certains, au tempérament plus effacé ou plus solitaire, préfèrent être seuls ou en compagnie d'un ou deux copains tout au plus. Il est possible que leur besoin de sociabilité soit comblé à l'école, où ils connaissent les plaisirs de la vie de groupe et cela leur suffit. Ils n'en souffrent pas nécessairement et il ne faut donc pas trop vous en inquiéter.

▶ Est-il vrai que la séparation des parents est plus facile à vivre pour les adolescents que pour les jeunes enfants?

Bien des parents estiment qu'il est préférable d'attendre que leurs enfants soient devenus adolescents avant de se séparer. De leur point de vue, cette séparation serait moins dommageable pour des ados que pour de jeunes enfants. Certains retardent effectivement la mise en application d'une décision de rupture déjà mûrie, jusqu'à ce que le benjamin de la famille ait atteint 13 ou 14 ans.

Il est vrai que l'adolescent est davantage en mesure de faire preuve de compréhension et de logique qu'un jeune enfant. Par exemple, il s'adapte mieux aux déplacements d'un foyer à un autre parce qu'il a plus de facilité à se repérer dans le temps et l'espace. Toutefois, l'adolescence étant une période de vie marquée par des changements importants qui déstabilisent, interpellent et propulsent les jeunes dans une nouvelle dimension, plusieurs seront quand même fragilisés par la désunion du couple parental si elle survient durant cette période. Et souvent bien davantage que ne s'y attendaient leurs parents.

Ces ados vivent une tristesse profonde qu'ils n'expriment pas toujours, par crainte d'avoir « l'air bébé ». Ils éprouvent de la colère, un sentiment stressant de responsabilité par rapport à une fratrie plus jeune, des conflits de loyauté envers les deux parents, de la culpabilité et un tiraillement quant au temps à partager entre chacun d'eux et leurs indispensables amis ainsi que leur besoin croissant de liberté.

Tout comme le jeune enfant, l'adolescent a besoin de soutien, d'écoute et de présence réconfortante, mais de manière différente, même s'il ne le revendique pas autant et même s'il peut sembler agacé par vos tentatives de l'encourager. Entre autres choses, lors du choix des modalités de garde, il est important de veiller à ce qu'il puisse autant que possible garder contact avec son groupe d'amis dont il aura besoin plus que jamais. Il pourra y trouver une source de réconfort de première importance.

▶ En situation de séparation parentale, est-il préférable que les adolescents vivent avec un parent plutôt qu'un autre?

Que la séparation précède l'adolescence ou survienne pendant cette période, le jeune de 13 à 18 ans ressent souvent le besoin de passer davantage de temps avec le parent du même sexe. Cela n'a rien à voir avec l'affection, l'attachement ou l'amour qu'il voue à ce parent par rapport à l'autre parent. Pour faire face aux changements de son corps et à l'apprentissage de la sexualité, il lui est plus profitable en quelque sorte d'avoir ce parent le plus souvent possible à proximité. Cela le rassure. Toutefois, ce besoin n'est pas celui de tous les adolescents et certains préfèrent conserver, quand c'est possible, des périodes de temps comparables avec les deux parents.

En raison de leur nouvelle vie sociale, les ados sortent davantage, s'engagent dans des activités parascolaires qui prennent plus de leur temps. Ils ont donc besoin d'une plus grande souplesse en ce qui a trait aux horaires de visite ou de temps partagé entre les deux parents. Il ne faut pas tenir une comptabilité trop serrée du temps de présence de votre adolescent. Si l'école et son groupe d'amis se trouvent dans le quartier d'un seul des deux parents, il se peut qu'il réclame d'y être plus souvent. Et il vous sera reconnaissant de faire preuve de flexibilité ! Si vous êtes dans la situation du parent dont les heures d'accueil augmentent, vous pouvez l'encourager à passer plus de temps avec son autre parent, en lui expliquant que celui-ci peut aller la chercher après la soirée ou l'accompagner pour faire ses courses.

Saviez-vous que...

Près de 30 % des enfants et adolescents québécois ont des parents séparés. Et ce taux est supérieur dans les grandes villes comme Montréal. Monoparentalité, garde partagée, famille reconstituée, autant de formules familiales récentes qui peuvent se révéler des aventures heureuses, même si elles sont imparfaites. Quelle famille peut d'ailleurs prétendre être parfaite ?

Si vous avez vécu de gros conflits au sujet de la garde de vos enfants et si c'est chez vous que votre ado souhaite passer plus de temps, ayez la sagesse de ne pas jouer la carte du triomphe : vous ne l'aiderez pas. Tous les enfants et adolescents ont besoin, pour grandir sainement et solidement, de construire à l'intérieur d'eux-mêmes des représentations positives des *deux* parents. Être un bon parent, c'est aussi être capable de reconnaître et d'appuyer cette nécessité du développement chez son enfant, peu importe le climat qui a régné lors de la désunion parentale. Et il est vrai que c'est parfois beaucoup vous demander.

Des façons particulières de s'exprimer

▶ Que faut-il penser de cette nouvelle mode du tatouage et du perçage adoptée par de nombreux adolescents ?

Le tatouage et le perçage sont des pratiques relativement nouvelles chez nos adolescents en Occident. Ils n'en sont pas les adeptes exclusifs, mais ils y découvrent une façon particulière de s'exprimer.

Ces pratiques corporelles s'exercent depuis fort longtemps au sein de peuplades dites primitives. Elles représentent pour leurs membres un moyen de témoigner de leur appartenance à un groupe et elles révèlent une intention ou une coutume précise : par exemple un maquillage pour la guerre ou pour une cérémonie mortuaire.

En Occident, cette pratique rallie actuellement bien des jeunes qui ont envie de s'offrir une petite fantaisie distinctive. Contrairement au phénomène observé chez certains peuples, ces pratiques ne visent pas qu'à témoigner de leur appartenance à un groupe, mais aussi à affirmer *qui* ils sont. L'adolescent veut se voir et se faire voir autrement, comme pour signifier qu'il n'est plus le même qu'auparavant et qu'une nouvelle marque inscrite sur sa peau ou dans sa chair en fait foi.

La majorité des jeunes qui se font tatouer ou percer s'inscrivent dans un mouvement de mode, sans plus. D'autres y expriment quelque chose d'important dans la recherche de leur identité en gestation et peuvent surinvestir, c'est-à-dire exagérer, en affichant des tatouages et des perçages presque partout sur leur corps. Cette pratique excessive peut devenir problématique et susciter un certain dégoût, mais elle ne mène pas nécessairement à un état maladif, pathologique. Il faut tout de même demeurer vigilant et veiller à ce qu'un glissement de sens ne survienne pas, qu'un jeu à la mode ne devienne pas le début d'un dysfonctionnement du rapport de votre adolescent à son propre corps. Toutefois, l'effet de mode en soi ne pourrait à lui seul expliquer cet éventuel glissement : à la base, il faut que votre ado présente déjà une fragilité dans sa perception de lui-même pour commencer à se faire mal volontairement, à s'automutiler par exemple.

Vous pouvez limiter ou interdire à votre jeune les tatouages et les perçages. Pour tenter de le dissuader, rappelez-lui les risques d'infection bien réels associés à ces pratiques et soulignez-lui que les tatouages, contrairement à ce qui est souvent dit, ne s'effacent ni facilement ni sans douleur et, qu'on en garde des traces disgracieuses. Donnez-lui l'exemple d'un jeu qu'il aimait tant à un plus jeune âge et qui ne l'intéresse plus du tout. Il en ira probablement de même avec ses tatouages dans quelques années, lorsqu'il aura à nouveau grandi et que l'effet de mode sera passé.

▶ Les pratiques de tatouage et de perçage peuvent-elles mener à l'automutilation, pratique que l'on dit de plus en plus répandue ?

L'automutilation est une pratique de plus en plus répandue ou à tout le moins de plus en plus recensée, en particulier chez les adolescentes. À noter toutefois qu'il n'y a pas, à proprement parler, de liens directs entre les phénomènes de tatouage et de perçage et l'automutilation, même si les gestes posés sur le corps se ressemblent.

L'automutilation consiste en des coupures, des scarifications plus ou moins profondes de la peau, généralement faites aux avant-bras et aux cuisses. Elle peut devenir plus sévère et pousser certains jeunes à se blesser sérieusement. L'une des difficultés avec ce comportement problématique est qu'il se pratique discrètement, à l'abri des regards. Les adolescentes qui s'affichent volontairement, au vu et au su de tous, pratiquent l'automutilation davantage pour signifier aux adultes que quelque chose ne va pas ou par désir de provocation. Cette manière de faire n'est pas aussi pathologique que lorsqu'elle se pratique en catimini : les adolescentes choisissent alors de dissimuler les marques des blessures qu'elles s'infligent sous des vêtements amples et longs. Ces comportements peuvent devenir dangereux parce qu'il y a souvent escalade dans la sévérité et la fréquence des gestes d'automutilation.

À partir de témoignages d'adolescentes, on comprend à ce jour que ces actes servent entre autres à soulager un stress, un problème jugé inavouable, une grande tension intérieure. Contrairement à la douleur psychologique, cette douleur physique présente « l'avantage » suivant : l'adolescente qui se l'inflige elle-même contrôle le début et la fin de l'expérience douloureuse et se donne ainsi l'impression d'avoir le pouvoir de se soulager elle-même de la tension qui la mine. Elle éprouve dans l'automutilation le sentiment de pouvoir maîtriser son corps et donc ses problèmes.

Certaines risquent toutefois de s'engager rapidement et malgré elles dans un cercle vicieux. En effet, la tension intérieure et le problème à la base de ces actes ne sont pas réglés, mais seulement déplacés. Après les quelques jours ou les quelques heures de soulagement que procure l'automutilation, la tension revient plus forte. Pour trouver un nouvel apaisement, elle exige une « dose » d'automutilation plus intense de fois en fois.

Si vous décelez des gestes d'automutilation chez votre enfant, il faut contacter des professionnels en santé mentale. Il peut s'agir de psychologues ou de psychiatres œuvrant dans une clinique de pédopsy-chiatrie rattachée à un centre hospitalier ou dans une clinique privée. En l'absence de ces professionnels, vous pouvez consulter le médecin traitant habituel de votre adolescent.

L'automutilation sévère est considérée comme un signe de psychopathologie, c'est-à-dire qu'elle indique la présence d'une maladie mentale sous-jacente qu'il faut identifier et soigner. La probabilité d'en guérir est élevée, mais un traitement fait par des professionnels est indispensable et peut se révéler parfois assez long.

La santé mentale

▶ On dit que des adolescents peuvent souffrir d'anxiété. De quoi s'agit-il ?

Lorsqu'un individu est anxieux, il ressent une vive inquiétude à la pensée qu'un grave danger va survenir. Il est tendu, il éprouve des malaises physiques, de la peur et un sentiment d'impuissance devant l'événe-ment qu'il craint de voir se produire. Toutefois, il faut savoir que les réactions d'anxiété peuvent être tout à fait normales ; c'est le cas lorsqu'un adolescent doit faire un exposé oral, s'exécuter dans une discipline artis-tique ou une joute sportive, inviter une fille à sortir, se trouver un cavalier… Ces situations sont courantes et la majorité des adolescents dominent leur stress dans ces situations.

Un problème d'anxiété sérieux peut nuire considérablement au fonctionnement quotidien de votre ado ; c'est pourquoi il est recommandé de chercher rapidement de l'aide. Dans les trois situations décrites préalablement, on recommande généralement une psychothérapie. Ce suivi a lieu habituellement une fois par semaine en début de traitement, pour s'espacer progressivement par la suite.

Lorsqu'une personne vit une attaque de panique, on le croit d'abord — et il se croit — malade physiquement. Il faut donc en premier lieu lui faire rencontrer un médecin, afin de l'évaluer physiquement. Généralement, ces patients sont en excellente santé physique malgré tous les symptômes qu'ils présentent. Même s'il n'y a pas de maladie physique diagnostiquée, il n'en demeure pas moins que la personne vivant une attaque de panique est *réellement souffrante* et les douleurs et l'inconfort physique qu'elle ressent sont réels, même si leur origine est psychologique et non physiologique. La grande inquiétude éprouvée est alors bien légitime et demande à être traitée, tout comme n'importe lequel des symptômes physiques.

Dans les trois cas d'anxiété présentés, il est possible que le médecin prescrive une médication dite anxiolytique, c'est-à-dire visant à faire baisser l'anxiété chez la personne qui en est atteinte. Cependant, cette médication n'est pas toujours indispensable et plusieurs patients souhaitent s'en passer et entreprendre d'abord une psychothérapie. Cela dépend en fait de la gravité du

trouble anxieux : si l'anxiété ressentie est très grande, le médecin — et souvent le patient lui-même — sera d'avis qu'il vaut mieux introduire le médicament tout de suite pour améliorer l'état général du patient et entreprendre parallèlement le travail en psychothérapie. Les personnes souffrant d'un trouble panique peuvent se voir offrir un médicament particulier qui procure temporairement une baisse rapide de l'état de stress ressenti.

▶ À quels signes puis-je reconnaître que mon adolescent souffre d'une dépression ?

Tout adolescent connaît au cours de son développement des réactions dépressives normales et variables. Ces réactions sont légères et peuvent survenir plus d'une fois pour finalement disparaître au début de l'âge adulte. Il faut se rappeler que grandir n'est pas si facile pour un adolescent : il délaisse toujours avec une certaine ambivalence la sécurité du monde de l'enfance pour se tourner vers un avenir riche en promesses de toutes sortes, mais inconnu et vaguement inquiétant.

Il se peut toutefois que ce vague à l'âme bien typique des jeunes adolescents persiste, s'amplifie et finisse par envahir le quotidien de votre enfant au point de modifier sérieusement son comportement. Il peut alors s'agir d'un début de dépression.

Pour vous guider dans votre observation et pour que vous pensiez à un début de dépression chez votre enfant, il faut que celui-ci présente cinq signes diagnostiques parmi ceux qui composent la liste suivante. Ces cinq signes diagnostiques ou symptômes que vous identifiez dans le comportement de votre ado doivent être nouveaux (vous ne l'avez jamais vu se comporter comme cela auparavant) ou pires qu'avant (vous l'avez déjà vu se comporter de cette façon, mais jamais avec autant d'intensité). Ces signes doivent être présents durant au moins deux semaines de façon continue, c'est-à-dire souvent durant la journée et tous les jours durant deux semaines. Votre observation peut aider le médecin ou les professionnels de la santé à poser un diagnostic ; ce sont d'ailleurs les seuls à pouvoir le faire et à être en mesure d'indiquer un traitement.

Voici les signes diagnostiques qui peuvent indiquer que votre ado présente un début de dépression.

1) Il se montre très irritable ; il est souvent de mauvaise humeur, bougonneux ;

2) il a une humeur triste, dépressive ;

3) il ne démontre plus d'intérêt ou de plaisir pour les activités qu'il aimait auparavant ;

4) il perd l'appétit et beaucoup de poids, cela sans adopter de diète, ou, *au contraire*, il a beaucoup plus d'appétit et prend beaucoup de poids ;

5) il dort peu et mal ou, *au contraire*, il dort énormément ;

6) il est très agité, il a la bougeotte ou, *au contraire*, il est anormalement amorphe comparativement à avant ;

7) il se plaint d'être toujours fatigué, de manquer d'énergie;

8) il dit qu'il est un incapable, un incompétent, un bon à rien qui ne réussit pas ce qu'il entreprend;

9) il éprouve beaucoup de culpabilité sans raison;

10) il n'arrive plus à être attentif et concentré sur ce qu'il fait; ses notes à l'école baissent beaucoup;

11) il est souvent indécis, incapable de faire des choix, de « se brancher »;

12) il a souvent des idées de mort et il peut faire allusion au suicide (« Ça irait mieux pour tout le monde si je n'étais plus là »).

Saviez-vous que...

Selon l'étude faite en 1995 par un coroner québécois, moins de 1 % des adolescents qui s'étaient suicidés prenaient une médication psychotrope, c'est-à-dire des médicaments pour traiter leurs problèmes psychiatriques. Ces jeunes suicidés présentaient tous un taux très bas de sérotonine et de son métabolite dans l'analyse de la chimie de leur cerveau. Les molécules qui constituent plusieurs des médicaments antidépresseurs visent justement à remonter et à rétablir ce niveau de sérotonine afin de stabiliser l'humeur et d'éviter les idées noires qui poussent à commettre un geste suicidaire.

▶ Que devons-nous faire alors si notre adolescent est déprimé ? Quel sera le traitement ?

Si votre adolescent présente cinq signes ou symptômes parmi les douze énoncés précédemment, vous devez absolument consulter un professionnel de la santé.

Cela peut être votre médecin de famille, son pédiatre ou un autre médecin, de préférence quelqu'un qui le connaît un peu. L'infirmière, le psychologue ou la psycho-éducatrice de son école peuvent aussi vous aider à trouver le professionnel capable de vous soutenir si vous n'avez pas de médecin. À la limite, présentez-vous dans une clinique sans rendez-vous ou à l'urgence de votre hôpital.

Si votre adolescent reçoit un diagnostic de dépression, on lui offrira un traitement. Ce traitement dépend de la gravité de sa dépression et seuls le médecin et les professionnels de la santé qui le rencontrent peuvent en juger.

Généralement, l'adolescent dépressif se voit offrir une psychothérapie et des rencontres de suivi avec un professionnel qui s'est spécialisé pour aider les jeunes déprimés. Ces rencontres ont d'abord lieu toutes les semaines et, lorsque l'ado va mieux, on espace les visites. De surcroît, l'adolescent se verra prescrire le plus souvent un médicament, un antidépresseur, pour l'aider à chasser plus rapidement les signes les plus aigus de sa dépression. Nombre de jeunes et leurs parents sont en désaccord avec le fait de prendre ces médicaments, et c'est leur droit de les refuser. Cependant, dans de nombreux cas, ils sont d'une très grande aide. Il vous faut, avec le médecin qui

▶ **Ma fille est très préoccupée par sa taille et elle fait souvent des régimes amaigrissants. Est-elle en train de devenir anorexique ?**

Le fait que votre fille fasse des régimes amaigrissants ne mène pas automatiquement à une conduite anorexique. Surveiller sa taille pour maintenir un *poids santé* constitue une excellente façon d'éviter plusieurs maladies graves.

On parle ici de *poids santé* ; l'anorexique est quant à elle nettement sous son *poids santé*. Le dangereux amaigrissement qu'elle s'impose entraîne d'autres problèmes de santé : un retard de croissance, l'arrêt des menstruations, des bouleversements hormonaux, de l'anémie et une baisse de tension artérielle et du rythme cardiaque. Des complications cardio-vasculaires sévères peuvent en découler et, dans certains cas, provoquer la mort.

Si votre adolescente a un poids inférieur de 25 % à la norme de référence pour son âge et sa taille, il faut en parler à son médecin. Dans cette condition, il se peut qu'elle doive être hospitalisée ; il s'agit alors de la traiter en la réalimentant sous surveillance médicale afin qu'elle ne développe pas de symptômes médicaux graves ou que ceux-ci ne s'amplifient pas. De plus, on proposera peut-être un suivi psychologique à la jeune anorexique, pour l'aider à comprendre comment elle en est arrivée là et pour établir les causes de sa situation, afin de prévenir toute rechute. Après le congé d'hospitalisation, ce suivi pourra être poursuivi sur une base externe, si cela est indiqué.

▶ Quels signes indiqueraient que ma fille est en voie de développer un problème d'anorexie?

L'anorexie est une maladie qui fait partie de la grande catégorie des *troubles alimentaires*. Généralement, ces *troubles,* qui sévissent majoritairement chez les adolescentes et les jeunes femmes, mettent du temps à guérir. Il faut pour aider ces ados de la patience et un bon soutien parental.

Voici des comportements qui peuvent signifier que votre fille est en voie de développer un problème d'anorexie.

- La peur de prendre du poids devient le *centre* de ses préoccupations.

- Elle devient littéralement obsédée par la crainte de grossir et elle évalue mal son poids réel, comme si son regard était grossissant lorsqu'elle se regarde dans un miroir. En fait, elle perd son jugement sur cet aspect de sa vie, mais elle peut l'exercer brillamment dans d'autres sphères.

- Elle s'impose des restrictions alimentaires de plus en plus sévères et elle le nie. Elle ne le fait pas pour vous être désagréable, mais parce que son jugement est altéré.

- Elle se pèse de plus en plus fréquemment et elle le nie, pour les mêmes raisons.

- Elle peut se faire vomir après avoir mangé; toutefois, ce ne sont pas toutes les anorexiques qui le font.

- Elle peut avoir recours à des laxatifs pour « se vider » et s'alléger.
- Elle s'impose un entraînement physique excessif qu'elle trouve le moyen de justifier.

Paradoxalement, certaines anorexiques cuisinent beaucoup. Les mets qu'elles préparent sont destinés *aux autres* membres de la famille ; elle veut les encourager à manger.

Soulignons que certaines anorexiques peuvent être, à l'occasion ou fréquemment, *boulimiques*. En quoi consiste la boulimie ? Des anorexiques, après s'être beaucoup privées de nourriture, ont des fringales qui les poussent à manger de très grandes quantités de nourriture en peu de temps. Par la suite, elles se font vomir par crainte d'être devenues grosses et par excès de culpabilité.

▸ À quels signes reconnaît-on que notre ado souffre d'un déficit de l'attention ou d'hyperactivité ?

Le jeune qui, avant l'adolescence, n'a pas reçu un diagnostic de trouble déficitaire de l'attention avec ou sans hyperactivité (TDAH) ne présente probablement pas la composante hyperactivité de cette maladie. L'enfant hyperactif dérange beaucoup les adultes et les gens de son entourage. Il est donc rare qu'un professeur, qu'un entraîneur sportif ou qu'un animateur de colonie de vacances ne signale pas aux parents l'hyperactivité de leur enfant. Nous parlerons donc ici du trouble déficitaire de l'attention SANS hyperactivité.

Pour conclure à un déficit de l'attention, six des neuf signes ou symptômes suivants doivent être présents pendant au moins six mois. L'évaluation de ce problème a ceci de particulier qu'elle doit se baser sur les observations faites dans au moins deux environnements différents, c'est-à-dire à la maison *et* à l'école, dans les loisirs *et* à la maison, etc. Ainsi l'adolescent présentant un trouble de déficit de l'attention :

1) ne parvient pas à prêter attention aux détails ou il fait des fautes d'étourderie dans ses travaux scolaires ou dans d'autres activités ;

2) a du mal à maintenir son attention à l'école ou dans ses jeux ;

3) ne semble pas écouter quand on lui parle ;

4) n'écoute pas les consignes et ne parvient pas à finir ses devoirs ou ses tâches domestiques ;

5) évite, déteste ou fait à contrecœur les tâches qui nécessitent un effort mental soutenu ;

6) a du mal à planifier et à organiser ses travaux ou ses activités ;

7) perd souvent les objets nécessaires à ses travaux scolaires ou à ses activités (par exemple, ses cahiers de devoirs, des pièces de son équipement de sport, etc.) ;

8) se laisse facilement distraire par tout ce qui se passe autour de lui ;

9) oublie beaucoup de choses dans la vie quotidienne.

Depuis quelques années, le déficit de l'attention fait la manchette en raison de la hausse très importante de prescriptions de psychostimulants, comme le *Ritalin®*, partout en Amérique du Nord. Un nombre grandissant d'enfants et plus récemment d'adolescents et d'adultes reçoivent ce diagnostic. Précisons qu'à ce jour, on ne connaît pas encore exactement les causes de ce trouble. En revanche, on sait qu'il ne dépend pas de la volonté du jeune de se montrer calme et attentif. Les recherches soulèvent bien certaines hypothèses comme l'hérédité et une atteinte subie au cerveau. Mais chose certaine, on ne peut identifier les facteurs sociaux ou les tensions familiales comme étant la seule cause de ce trouble. Ils peuvent toutefois précipiter, aggraver et maintenir le problème.

Saviez-vous que...

De 6 à 9 garçons pour une fille sont atteints du trouble de déficit de l'attention?

Pour en savoir plus...

Boisvert, Céline. *Parents d'ados. De la tolérance nécessaire à la nécessité d'intervenir.* Montréal : Éditions du CHU Sainte-Justine, 2003.

Braconnier, Alain. *Le guide de l'adolescent : de 10 ans à 25 ans.* Paris : Odile Jacob, 2007.

Delagrave, Michel. *Ados : mode d'emploi.* Montréal : Éditions du CHU Sainte-Justine, 2005.

Gaudet, Étienne. *Drogues et adolescence : réponses aux questions des parents.* Montréal : Éditions du CHU Sainte-Justine, 2002.

Jeammet, Philippe. *L'adolescence.* Paris : Solar, 2007.

Rufo, Marcel et coll. *Les nouveaux ados. Comment vivre avec ?* Paris : Bayard, 2006.

Schilte, Christine et Marcel Rufo. *Votre ado.* Alleur : Marabout, 2007.

LES ADOS

Achevé d'imprimer en juillet 2008
sur les presses de l'imprimerie
LithoChic inc.
à Québec